Astrid Grabe

Lies dich schlau!

Eine Übungskartei zum
sinnentnehmenden Lesen

 *Verlag an der Ruhr*

Impressum

Titel: Lies dich schlau!
Eine Übungskartei zum sinnentnehmenden Lesen

Autorin: Astrid Grabe

Druck: Druckerei Uwe Nolte, Iserlohn

Verlag: Verlag an der Ruhr

Postfach 10 22 51
45422 Mülheim an der Ruhr
Alexanderstraße 54
45472 Mülheim an der Ruhr
Tel.: 02 08–439 54 50
Fax: 02 08–439 54 39
E-Mail: info@verlagruhr.de
www.verlagruhr.de

© Verlag an der Ruhr 2002

ISBN 3-86072-707-9

geeignet für
die Klasse   1 **2 3** 4 5

Ein weiterer
Beitrag zum
Umweltschutz:

Das Papier, auf das
dieser Titel gedruckt ist, hat
ca. **50% Altpapieranteil,**
der Rest sind **chlorfrei**
gebleichte Primärfasern.

Die Schreibweise der Texte folgt der reformierten Rechtschreibung.

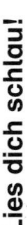

Inhaltsverzeichnis

Übungsbereiche

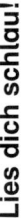

Vorwort

Liebe Kolleginnen und Kollegen,

den Kindern das Lesen beizubringen und die weitere Lesekarriere möglichst positiv zu beeinflussen, ist sicherlich eine der wichtigsten Aufgaben im Unterricht.

Im ersten Schuljahr unternehmen die Kinder die ersten Schritte in die Welt der Buchstaben. Sie lernen welche Laute und Buchstaben zusammengehören und wie man sie zusammenzieht, so dass daraus Wörter und Sätze entstehen. Gegen Ende des Schuljahres ist dann der Leselehrgang (so gut wie) abgeschlossen und damit ist bestimmt ein bedeutsamer Schritt getan. Nun geht es aber darum, diese Kenntnisse und Fähigkeiten auszubauen, so dass sich die Kinder zu zunehmend sicheren und geübten Lesern entwickeln. Auch wenn die Kinder das Prinzip des Lesens verstanden haben, bedeutet lesen zu können doch vor allem, das Gelesene auch zu verstehen. Die hier wiedergegebenen Materialien habe ich in meiner eigenen zweiten Klasse eingesetzt, um genau dieses sinnentnehmende Lesen ganz gezielt zu üben.

Worum geht es in dieser Mappe?

Lesebuchtexte können sicherlich eine Ergänzung zum Unterricht sein, um das sinnentnehmende Lesen zu trainieren sind sie aber doch sehr unzureichend, da hier häufig schon eine hohe Lesekompetenz vorausgesetzt wird. In dieser Lesemappe sind verschiedene Übungen zum sinnentnehmenden Lesen zusammengefasst. Diese Übungen sind vollkommen themenunabhängig. Meine Motivation lag darin, für die Kinder ein ansprechendes Übungsmaterial zusammenzustellen, das eine gezielte Übung auf einem angemessenen Niveau ermöglicht.

Zum Aufbau

Diese Lesemappe besteht aus fünf verschiedenen Übungsangeboten, die in ihrer Inhaltlichkeit, Methodik als auch im Anspruch ein wenig unterschiedlich sind. Die verschiedenen Übungsbereiche sind mit unterschiedlichen Buchstaben gekennzeichnet und zusätzlich nummeriert. Die Lesemappe enthält folgendes Material:

A – Lies genau! (S. 13–26)
14 Arbeitskarten und entsprechende Lösungskarten

B – Wer bin ich? (S. 27–36)
19 Arbeitskarten und eine separate Lösungskarte

C – Achtung: Fehler! (S. 37–50)
14 Arbeitskarten und entsprechende Lösungskarten

D – Schon gewusst? (S. 51–65)
14 Infokarten mit entsprechenden Arbeitskarten und eine separate Lösungskarte)

E – Lesekünstler (S. 66–73)
16 Arbeitskarten

Vorwort

Die genauen Arbeitsaufträge zu den fünf Übungsangeboten sind zum Nachlesen für die Kinder auf separaten **Auftragskarten** (S. 8–10) festgehalten.

Weiterhin gibt es zu jedem der genannten Bereiche einen **Protokollbogen** (S. 10–11) für die Hand der Kinder, auf dem die bearbeiteten Aufträge abgehakt werden können.

Übungsbereiche

A – Lies genau!

Wie ist die Übung aufgebaut?

Zu einem nebenstehenden Bild sind jeweils vier Sätze vorgegeben. Nur einer dieser Sätze ist inhaltlich korrekt. Die anderen Sätze unterscheiden sich durch minimale Änderungen eines Wortes oder eines Buchstabens, so dass sich dadurch ein vollkommen neuer Sinn ergibt.

Die Kinder werden durch diese Übung sensibilisiert, dass genaues Lesen wichtig ist und das „Ratelesen" (die ersten beiden Buchstaben werden gelesen und der Rest danach geraten, oder Wortendungen werden abgeändert) wird verhindert. Für leistungsschwache Kinder ist das Erlesen dieser einzelnen Sätze keine Überforderung und auch sie kommen so zu einem Erfolg. Auch Kinder, deren Lesetempo schon recht hoch ist, werden auf diese Weise dazu angehalten, genau auf den Wortlaut zu achten.

Und so geht es:

Das Ziel ist natürlich den richtigen Satz zu erlesen und zu markieren. Meiner Meinung nach ist es jedoch auch sinnvoll, dass die Kinder in den falschen Sätzen die Fehler anstreichen, da der Übungseffekt auf diese Weise verstärkt wird. (Falls der richtige Satz der erste ist, müssten die Kinder sonst gar nicht erst weiter lesen. Außerdem macht es mehr Spaß, da sich manchmal auch sehr lustige Verfremdungen ergeben).

Anschließend können die Kinder anhand der Kontrollkarte ihre Lösung vergleichen.

B – Wer bin ich?

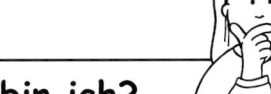

Wie ist die Übung aufgebaut?

Diese Übung enthält kurze Beschreibungen von Alltagsdingen, die von den Kindern durch genaues Lesen zu erraten sind. Die Rätsel sind so kurz gehalten und strukturiert, dass sie für die schwachen Leser gut zu bewältigen sind (und der Partner kann zudem auch helfen).

Und so geht es:

Diese Übung kann alleine oder in Partnerarbeit durchgeführt werden. Zur Überprüfung oder bei Unklarheiten kann die Kontrollkarte genutzt werden. Wird die Übung als Partnerarbeit durchgeführt, wird hier natürlich auch das Vorlesen geübt. Bei einer Einzelarbeit liegt der Schwerpunkt in der Entnahme von Informationen.

C – Achtung: Fehler!

Wie ist die Übung aufgebaut?

Diese Übung ist eine Sammlung von kurzen Sachtexten, in die jeweils drei inhaltliche Fehler eingebaut sind. Ich habe mich darum bemüht, Texte auszuwählen, die die Kinder einerseits inhaltlich ansprechen, andererseits aber auch ihnen vertraute Sachgebiete behandeln, so dass die enthaltenen Fehler eigentlich sehr offensichtlich sind.

Und so geht es:

Die Kinder sollten den Text zunächst einmal komplett lesen. Anschließend lesen sie den Text noch einmal und unterstreichen die Fehler.

Auf der Kontrollkarte sind alle Fehler unterstrichen. Zusätzlich ist in Klammern ein richtiges Wort angegeben (an manchen Stellen sind natürlich mehrere Lösungen möglich.)

Hinweis:
Dieses ist die erste Übung, bei der ein etwas komplexerer und zusammenhängender Text erlesen werden muss. Hier ist es bestimmt ratsam zu überlegen, ob bereits alle Kinder diese Aufgabe erfüllen sollen bzw. müssen. Ansonsten ist es natürlich auch möglich, die schwächeren Kinder erst später diese Aufgabe bearbeiten zu lassen. Für leistungsstarke Schüler lassen sich darüber hinaus auch die Kontrollkarten einbeziehen (beispielsweise Vorlesen der richtigen Sätze in Partnerarbeit).

D – Schon gewusst?

Wie ist die Übung aufgebaut?
Jede Übungskarte besteht aus einem Sachtext und sich anschließenden Aussagesätzen. Nach dem Erlesen des Textes müssen die Kinder entscheiden, welche der Aussagen richtig sind. Im Gegensatz zur vorherigen Übung greifen diese Texte vor allem Sachbereiche auf, die den Kindern vielleicht noch fremd sind. So haben sie dann also die Möglichkeit, sich „schlau zu lesen".

Und so geht es:
Die Kinder lesen den Sachtext. Anschließend markieren sie die richtigen Aussagesätze. Alle richtigen Lösungen sind auf einer separaten Karte angegeben.

Hinweis:
Auch diese Übung ist schon etwas anspruchsvoller und stellt für die schwächeren Leser eventuell noch eine Überforderung dar. Bei einigen Schülern meiner Klasse haben manche Texte auch dazu geführt, sich noch intensiver mit einem Thema zu beschäftigen und weitere Bücher zu lesen.

E – Lesekünstler

Wie ist die Übung aufgebaut?
Diese Übung beinhaltet Lese-Malaufträge. Entsprechend den Angaben des Textes müssen die Kinder ein passendes Bild malen. Ich habe mich darum bemüht, möglichst für die Kinder interessante und originelle Aufträge zu schreiben.

Wenn es möglich war, ist auch immer eine individuelle Fortführung des Malauftrags enthalten, so dass auch ein wenig Kreativität erhalten bleibt.

Und so geht es:
Eine weitere Erklärung ist eigentlich nur insofern nötig, als dass die Kinder zunächst den ganzen Text lesen und erst anschließend den Malauftrag ausführen sollen. Ansonsten kann es manchmal Schwierigkeiten mit der Umsetzung geben.

Hinweis:
Diese Übung war bei den Kindern meiner Klasse besonders beliebt. Die fertigen Bilder haben wir an unserer Pinnwand ausgestellt. Und obwohl die Aufträge die gleichen waren und richtig gelöst wurden, sahen die Bilder doch sehr unterschiedlich aus.

Protokollbögen

Die einzelnen Protokollbögen bieten meiner Meinung nach den Vorteil, dass individuell für jedes Kind entschieden werden kann, welche Aufgabenbereiche es bearbeiten soll. Bei nur einem Protokollbogen für alle Kinder tritt häufig ein hoher Konkurrenzdruck ein. Dieser lässt sich mit einzelnen Blättern für jedes Kind jedoch verringern.

Einsatz im Unterricht

Dieses Material lässt sich problemlos ab der zweiten Klasse einsetzen, da sich bei der Auswahl der einzelnen Übungen differenzieren lässt. Sie können also selbst entscheiden, welche Übungsform Sie für welche Kinder für angemessen halten.
Zudem lässt sich das Material sicher auch für höhere Klassen, beispielsweise im Förderunterricht, einsetzen.
Im Grunde lässt sich das Material sehr flexibel in den Unterricht integrieren:
Einzelne Arbeitskarten können als Kopiervorlagen genutzt werden und lassen sich beispielsweise im Rahmen von **Wochenplan- oder Freiarbeit** nutzen.
Auch als **Hausaufgaben** lassen sich die Übungen eventuell einsetzen.

Angelegt ist die Lesemappe jedoch als **Kartei**, mit der die Kinder eigenverantwortlich arbeiten können, da eine Eigenkontrolle bei allen Übungen möglich ist.

Welche Vorbereitungen sind nötig?

Die Vorteile bei einer Karteiarbeit liegen sicherlich auch in dem geringen Material- und Kopieraufwand. Die Karteikarten müssen nur einmal auf festes Papier (ca. 160 g) kopiert werden. Damit die Karten wieder benutzt werden können, sollten diese entweder laminiert oder (kostengünstiger) einfach in DIN A5 Klarsichthüllen gesteckt werden. Auf diese Weise können die Schüler mit abwaschbarem Folienstift arbeiten. Die Arbeitskarten (Bereiche A, C, D) müssen in der Mitte gefaltet werden. Bei den Karten der Bereiche A und C befinden sich dann die Lösungen auf der Rückseite und bei den Karten zum Bereich D steht vorne der Sachtext und auf der Rückseite die dazugehörigen Aussagesätze.

Tipp:
Falls die Kinder ihrer Klasse ganz gerne „schummeln", können Sie die Karten auch auseinander schneiden und getrennt aufbewahren.

Die **Protokollbögen** müssen für jedes Kind kopiert werden und lassen sich dann auch zu einem kleinen Buch oder „Lesepass" zusammenheften.

Tipp:
In meiner Klasse haben die Kinder die Bögen einfach mit in die Sprachemappe geheftet (einzelne „Pässe" oder Bücher sind leider doch bei einigen immer wieder verloren gegangen).

Präsentation der Materialien

Zur Aufbewahrung der Kartei empfiehlt sich natürlich ein entsprechender Karteikasten. Als kostengünstigere Alternative ist aber auch ein kleiner Aktenordner, eine Faltschachtel aus Pappe oder auch eine Fotobox möglich. Zur übersichtlichen Unterteilung der verschiedenen Übungen lassen sich gut farbige Pappen (etwas größer geschnitten als DIN A5 und evt. laminiert) als Trennwände einsetzen.

Damit die Kinder die Arbeitsaufträge noch einmal nachlesen können, stehen diese noch einmal auf einer separaten Karte, die vor die eigentlichen Arbeitskarten gestellt werden kann.

Tipp:
Ich habe die Anweisungen und auch die Lösungskarten der Bereiche B und D an die Pinnwand geheftet, so dass sie für alle Kinder sofort zugänglich und übersichtlich sind.

Und zum Schluss
In meiner eigenen Klasse habe ich die Materialien im Rahmen einer im Stundenplan festgelegten „Lesestunde" eingesetzt. In dieser Stunde dreht sich, wie der Name schon vermuten lässt, alles um das Lesen. Die Kinder können diese Stunde auf verschiedene Arten nutzen: Manchmal werden Geschichten oder Bücher von den Kindern vorgelesen, sie spielen Lesespiele, bringen sich eigene Bücher von zu Hause mit oder stöbern in der Leseecke. Die Arbeit mit der Lesekartei besteht also neben den anderen Angeboten und wird sehr gerne genutzt.

Bei der Arbeit mit der Lesemappe wünsche ich Ihnen und Ihrer Klasse viel Spaß!

Astrid Grabe

A Auftragskarte

Lies genau!

So geht es:

1. Nimm dir eine Karte.

2. Lies die Sätze. Aber Vorsicht:
   Nur ein Satz passt zu dem Bild.

3. Kreuze den richtigen Satz mit Folienstift an.

4. Streiche in den anderen Sätzen die Fehler an!

5. Vergleiche mit der Lösungskarte.

6. Wische den Folienstift danach bitte wieder ab!

© Verlag an der Ruhr · Postfach 10 22 51 · 45422 Mülheim an der Ruhr · www.verlagruhr.de

Lies dich schlau!

8

B Auftragskarte

Wer bin ich?

So geht es:

1. Nimm dir eine Karte.

2. Lies das Rätsel. Wenn du möchtest, kannst du es auch einem Partner vorlesen.

3. Versuche, die Antwort herauszufinden.

4. Wenn du dir nicht sicher bist, nimm die Lösungskarte.

© Verlag an der Ruhr · Postfach 10 22 51 · 45422 Mülheim an der Ruhr · www.verlagruhr.de

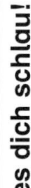

Lies dich schlau!

8

C Auftragskarte

Achtung: Fehler!

So geht es:

1. Nimm dir eine Karte.

2. Lies zuerst den ganzen Text.
   Aber Vorsicht: In jeder Geschichte
   sind drei Fehler versteckt.

3. Unterstreiche die Fehler mit Folienstift.

4. Vergleiche mit der Kontrollkarte.

5. Wische den Folienstift danach bitte wieder ab.

D Auftragskarte

Schon gewusst?

So geht es :

1. Nimm dir eine Karte.

2. Lies den Text. Um den Text richtig zu verstehen,
   musst du ihn bestimmt mehrmals lesen.

3. Drehe die Karte dann um.

4. Lies die Sätze.

5. Überlege: Was ist richtig, was ist falsch?
   Kreuze nur die richtigen Sätze an.

6. Vergleiche mit der Lösungskarte.

E Auftragskarte

Lesekünstler

So geht es:

1. Nimm dir eine Karte.

2. Lies den Text erst einmal ganz durch.

3. Lies den Text noch einmal.

4. Male das Bild so, wie es beschrieben ist.

Lies dich schlau!

10

A Protokollbogen

Lies genau!

 A 1 ☐    A 2 ☐    A 3 ☐

 A 4 ☐    A 5 ☐    A 6 ☐

 A 7 ☐    A 8 ☐    A 9 ☐

 A 10 ☐   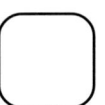 A 11 ☐    A 12 ☐

 A 13 ☐    A 14 ☐

Lies dich schlau!

10

B Protokollbogen

Wer bin ich?

B 1 □   B 2 □   B 3 □

B 4 □   B 5 □   B 6 □

B 7 □   B 8 □   B 9 □

B 10 □   B 11 □   B 12 □

B 13 □   B 14 □   B 15 □

B 16 □   B 17 □   B 18 □

B 19 □

Lies dich schlau!

11

✂ -

C Protokollbogen

Achtung: Fehler!

C 1 □   C 2 □   C 3 □

C 4 □   C 5 □   C 6 □

C 7 □   C 8 □   C 9 □

C 10 □   C 11 □   C 12 □

C 13 □   C 14 □

Lies dich schlau!

11

D Protokollbogen

Schon gewusst?

D 1	D 2	D 3
D 4	D 5	D 6
D 7	D 8	D 9
D 10	D 11	D 12
D 13	D 14	

Lies dich schlau!

12

✂ -

E Protokollbogen

Lesekünstler

E 1	E 2	E 3
E 4	E 5	E 6
E 7	E 8	E 9
E 10	E 11	E 12
E 13	E 14	E 15
E 16		

Lies dich schlau!

12

A 1   Arbeitskarte _____

Lies genau!

1. Die kleine Mauer hat großen Hunger
   und knabbert an einem Stückchen Käse.

2. Die kleine Meise hat großen Hunger
   und knabbert an einem Stückchen Käse.

3. Die kleine Maus hat großen Hunger
   und knabbert an einem Schlückchen Käse.

4. Die kleine Maus hat großen Hunger
   und knabbert an einem Stückchen Käse.

13

A 1   Lösungskarte _____

Lies genau!

1. Die kleine **Mauer** hat großen Hunger
   und knabbert an einem Stückchen Käse.

2. Die kleine **Meise** hat großen Hunger
   und knabbert an einem Stückchen Käse.

3. Die kleine Maus hat großen Hunger
   und knabbert an einem **Schlückchen** Käse.

 4. Die kleine Maus hat großen Hunger
   und knabbert an einem Stückchen Käse.

13

A 2   Arbeitskarte   # Lies genau!

1. Mit einem großen Sprung
   hüpft der Frosch in den Teich.

2. Mit einem großen Sprung
   hüpft der Fisch in den Teich.

3. Mit einem grunzenden Sprung
   hüpft der Frosch in den Teich.

4. Mit einem großen Sprung
   hüpft der Frosch in den Tisch.

Lies dich schlau!

14

A 2   Lösungskarte   # Lies genau!

 1. Mit einem großen Sprung
   hüpft der Frosch in den Teich.

2. Mit einem großen Sprung
   hüpft der **Fisch** in den Teich.

3. Mit einem **grunzenden** Sprung
   hüpft der Frosch in den Teich.

4. Mit einem großen Sprung
   hüpft der Frosch in den **Tisch**.

Lies dich schlau!

14

A 3   Arbeitskarte

Lies genau!

1. Wenn es draußen warm wird,
   zwitschern die Vögel in den Bäuchen.

2. Wenn es draußen warm wird,
   zwitschern die Väter in den Bäumen.

3. Wenn es draußen warm wird,
   zwinkern die Vögel in den Bäumen.

4. Wenn es draußen warm wird,
   zwitschern die Vögel in den Bäumen.

Lies dich schlau!

A 3   Lösungskarte

Lies genau!

1. Wenn es draußen warm wird,
   zwitschern die Vögel in den **Bäuchen**.

2. Wenn es draußen warm wird,
   zwitschern die **Väter** in den Bäumen.

3. Wenn es draußen warm wird,
   zwinkern die Vögel in den Bäumen.

✓ 4. Wenn es draußen warm wird,
   zwitschern die Vögel in den Bäumen.

Lies dich schlau!

A4 Arbeitskarte

Lies genau!

1. Im Sommer freuen sich alle Kirchen darauf, endlich schwimmen zu gehen.

2. Im Sommer freuen sich alle Kinder darauf, eklig schwimmen zu gehen.

3. Im Sommer freuen sich alle Kinder darauf, endlich schimmeln zu gehen.

4. Im Sommer freuen sich alle Kinder darauf, endlich schwimmen zu gehen.

Lies dich schlau!

16

A4 Lösungskarte

Lies genau!

1. Im Sommer freuen sich alle **Kirchen** darauf, endlich schwimmen zu gehen.

2. Im Sommer freuen sich alle Kinder darauf, **eklig** schwimmen zu gehen.

3. Im Sommer freuen sich alle Kinder darauf, endlich **schimmeln** zu gehen.

 4. Im Sommer freuen sich alle Kinder darauf, endlich schwimmen zu gehen.

Lies dich schlau!

16

A5 · Arbeitskarte

Lies genau!

1. Wenn es draußen regnet, ist es gut, einen Regenschirm zu haben.

2. Wenn es draußen redet, ist es gut, einen Regenschirm zu haben.

3. Wenn es draußen regnet, ist es gut, einen Regenschwamm zu haben.

4. Wenn es draußen regnet, ist es gut, einen Reiseschirm zu haben.

Lies dich schlau!

17

A5 · Lösungskarte

Lies genau!

 1. Wenn es draußen regnet, ist es gut, einen Regenschirm zu haben.

2. Wenn es draußen **redet**, ist es gut, einen Regenschirm zu haben.

3. Wenn es draußen regnet, ist es gut, einen **Regenschwamm** zu haben.

4. Wenn es draußen regnet, ist es gut, einen **Reiseschirm** zu haben.

Lies dich schlau!

17

A6 Arbeitskarte

Lies genau!

1. Im Winter bauen die Kinder im Garten gerne einen Schneemagen.

2. Im Winter bauen die Kinder im Graben gerne einen Schneemann.

3. Im Winter bauen die Kinder im Garten gerne einen Schneemann.

4. Im Winter bauen die Kinder im Garten gerne einen Schnarchmann.

A6 Lösungskarte

Lies genau!

1. Im Winter bauen die Kinder im Garten gerne einen **Schneemagen**.

2. Im Winter bauen die Kinder im **Graben** gerne einen Schneemann.

 3. Im Winter bauen die Kinder im Garten gerne einen Schneemann.

4. Im Winter bauen die Kinder im Garten gerne einen **Schnarchmann**.

© Verlag an der Ruhr · Postfach 10 22 51 · 45422 Mülheim an der Ruhr · www.verlagruhr.de

Lies genau!

1. Der Junge geht mit seinem Teddy im Regen spazieren.

2. Der Junge geht mit seinem Test im Regen spazieren.

3. Der Junge grinst mit seinem Teddy im Regen spazieren.

4. Der Junge geht mit seinem Teddy im Regen tapezieren.

Lies dich schlau!

19

© Verlag an der Ruhr · Postfach 10 22 51 · 45422 Mülheim an der Ruhr · www.verlagruhr.de

Lies genau!

1. Der Junge geht mit seinem Teddy im Regen spazieren.

2. Der Junge geht mit seinem **Test** im Regen spazieren.

3. Der Junge **grinst** mit seinem Teddy im Regen spazieren.

4. Der Junge geht mit seinem Teddy im Regen **tapezieren**.

Lies dich schlau!

19

Lies genau!

1. Das Mädchen hält einen Telefonförster in der Hand.

2. Das Märchen hält einen Telefonhörer in der Hand.

3. Das Mädchen hält einen Telefonhörer in der Hand.

4. Das Mützchen hält einen Telefonhörer in der Hand.

Lies dich schlau!

20

Lies genau!

1. Das Mädchen hält einen **Telefonförster** in der Hand.

2. Das **Märchen** hält einen Telefonhörer in der Hand.

 3. Das Mädchen hält einen Telefonhörer in der Hand.

4. Das **Mützchen** hält einen Telefonhörer in der Hand.

Lies dich schlau!

20

© Verlag an der Ruhr · Postfach 10 22 51 · 45422 Mülheim an der Ruhr · www.verlagruhr.de

Lies genau!

1. Es klebt an der Tür und
   eine Dame kommt zu Besuch.

2. Es klopft an der Tüte und
   eine Dame kommt zu Besuch.

3. Es klopft an der Tür und
   eine Dame kommt
   zu Besuch.

4. Es klopft an der Tür und
   eine Dose kommt
   zu Besuch.

Lies dich schlau!

21

© Verlag an der Ruhr · Postfach 10 22 51 · 45422 Mülheim an der Ruhr · www.verlagruhr.de

Lies genau!

1. Es **klebt** an der Tür und
   eine Dame kommt zu Besuch.

2. Es klopft an der **Tüte** und
   eine Dame kommt zu Besuch.

✓ 3. Es klopft an der Tür und
   eine Dame kommt
   zu Besuch.

4. Es klopft an der Tür und
   eine **Dose** kommt
   zu Besuch.

Lies dich schlau!

21

A 10 Arbeitskarte _____ # Lies genau!

1. Das Mädchen liegt in seinem Bett
   und hat vielleicht einen schönen Traum.

2. Das Mädchen lief in seinem Bett
   und hat vielleicht einen schönen Traum.

3. Das Mädchen liegt in seinem Brett
   und hat vielleicht einen
   schönen Traum.

4. Das Märchen liegt in
   seinem Bett
   und hat vielleicht einen
   schönen Traum.

Lies dich schlau!

22

A 10 Lösungskarte _____ # Lies genau!

1. Das Mädchen liegt in seinem Bett
   und hat vielleicht einen schönen Traum.

2. Das Mädchen **lief** in seinem Bett
   und hat vielleicht einen schönen Traum.

3. Das Mädchen liegt in seinem **Brett**
   und hat vielleicht einen
   schönen Traum.

4. Das **Märchen** liegt in
   seinem Bett
   und hat vielleicht einen
   schönen Traum.

Lies dich schlau!

22

A 11   Arbeitskarte

Lies genau!

1. Manchmal macht es Spaß, aus dem Fenster
   zu schaufeln und draußen alles zu beobachten.

2. Manchmal macht es Spatz, aus dem Fenster
   zu schauen und draußen alles zu beobachten.

3. Manchmal macht es Spaß,
   aus dem Fenster
   zu schauen und draußen
   alles zu beobachten.

4. Manchmal macht es Spaß,
   aus dem Fenster
   zu schrauben und draußen alles
   zu beobachten.

23

A 11   Lösungskarte

Lies genau!

1. Manchmal macht es Spaß, aus dem Fenster
   zu **schaufeln** und draußen alles zu beobachten.

2. Manchmal macht es **Spatz**, aus dem Fenster
   zu schauen und draußen alles zu beobachten.

 3. Manchmal macht es Spaß,
   aus dem Fenster
   zu schauen und draußen
   alles zu beobachten.

4. Manchmal macht es Spaß,
   aus dem Fenster
   zu **schrauben** und draußen alles
   zu beobachten.

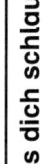

23

Lies genau!

1. Die beiden Fratzen sind gute Freunde
   und mögen sich wirklich gerne.

2. Die beiden Katzen sind gute Freunde
   und mögen sich wirklich gerne.

3. Die dreißig Katzen sind gute Freunde
   und mögen sich wirklich gerne.

4. Die beiden Katzen sind
   gute Frösche
   und mögen sich
   wirklich gerne.

Lies dich schlau!

24

Lies genau!

1. Die beiden **Fratzen** sind gute Freunde
   und mögen sich wirklich gerne.

✓ 2. Die beiden Katzen sind gute Freunde
   und mögen sich wirklich gerne.

3. Die **dreißig** Katzen sind gute Freunde
   und mögen sich wirklich gerne.

4. Die beiden Katzen sind
   gute **Frösche**
   und mögen sich
   wirklich gerne.

Lies dich schlau!

24

A 13 Arbeitskarte

Lies genau!

1. Der Hund steht auf einer Wiese
   und schnuppert an einer Blume.

2. Der Hut steht auf einer Wiese
   und schnuppert an einer Blume.

3. Der Hund steht auf einer Wiege
   und schnuppert an einer Blume.

4. Der Hund steht auf einer Wiese
   und schnuppert an einer Bluse.

Lies dich schlau!

25

A 13 Lösungskarte

Lies genau!

 1. Der Hund steht auf einer Wiese
   und schnuppert an einer Blume.

2. Der **Hut** steht auf einer Wiese
   und schnuppert an einer Blume.

3. Der Hund steht auf einer **Wiege**
   und schnuppert an einer Blume.

4. Der Hund steht auf einer Wiese
   und schnuppert an einer **Bluse**.

Lies dich schlau!

25

Lies genau!

1. Der kleine Fuchs fühlt sich sehr wohl,
   denn er schmust mit seiner Butter.

2. Der kleine Fuchs fühlt sich sehr wohl,
   denn er schummelt mit seiner Mutter.

3. Der kleine Fuchs fühlt sich sehr wohl,
   denn er schmust mit seiner Mutter.

4. Der kleine Fuchs kühlt sich
   sehr wohl,
   denn er schmust mit
   seiner Mutter.

Lies genau!

1. Der kleine Fuchs fühlt sich sehr wohl,
   denn er schmust mit seiner **Butter**.

2. Der kleine Fuchs fühlt sich sehr wohl,
   denn er **schummelt** mit seiner Mutter.

✔ 3. Der kleine Fuchs fühlt sich sehr wohl,
   denn er schmust mit seiner Mutter.

4. Der kleine Fuchs **kühlt** sich
   sehr wohl,
   denn er schmust mit
   seiner Mutter.

B 1 Arbeitskarte

Wer bin ich?

Mach mich an

und ich leuchte für dich.

Ich schenke dir ein schönes Licht.

Auf dem Geburtstagskuchen

siehst du mich.

Puste mich aus

und ich erfülle Wünsche für dich.

 Wer bin ich?

_____

Lies dich schlau!

27

B 2 Arbeitskarte

Wer bin ich?

Ich komme schnell voran,

weil ich so gut rollen kann.

Du gibst mir einen starken Tritt,

dann läufst du mit mir mit.

Du schießt mich über ein langes Feld,

bis mich ein großes Netz anhält.

 **Wer bin ich?**

_____

Lies dich schlau!

27

Wer bin ich?

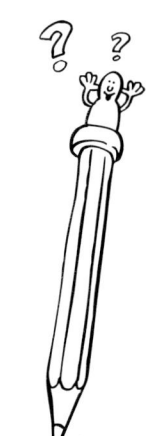

Ich bin unglaublich heiß.

Ich schmelze jedes Eis.

Ganz froh und munter,

scheine ich auf dich hinunter.

Ich kann Licht und Wärme geben.

Ohne mich kann niemand leben.

 **Wer bin ich?**

_____

Lies dich schlau!

28

Wer bin ich?

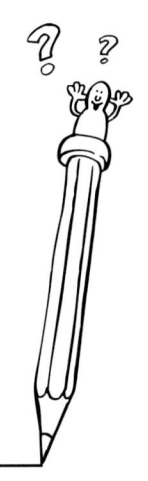

So sieht die Sache aus:

Du findest mich in jedem Haus.

Obwohl ich ganz gut stehen kann,

komme ich einfach nicht voran.

Ich habe vier lange Beine,

aber Füße habe ich keine.

 **Wer bin ich?**

_____

Lies dich schlau!

28

B5 Arbeitskarte

Wer bin ich?

Ob große Pfützen oder Regen –

wir haben nichts dagegen.

Mit einem lauten „Platsch"

springen wir in jeden Matsch.

Vergiss uns bei schlechtem Wetter nicht,

denn wir zwei sind wasserdicht.

 **Wer bin ich?**

_____

Lies dich schlau!

29

B6 Arbeitskarte

Wer bin ich?

Du nimmst mich gerne in den Arm.

Ich bin ganz kuschelig

und warm.

Dein weiches Bett

finde ich besonders nett.

Am Abend schläfst du ein

und dann will ich bei dir sein.

 **Wer bin ich?**

_____

Lies dich schlau!

29

B7 ___Arbeitskarte_____

Wer bin ich?

Ich bin ganz schön stachelig.

Sei vorsichtig, sonst piekse ich dich!

Aber ich beschwere mich nicht,

denn meine Stacheln schützen mich.

Ich bin herrlich anzusehen.

Auf der Fensterbank siehst du mich stehen.

Wer bin ich?

_____

Lies dich schlau!

30

B8 ___Arbeitskarte_____

Wer bin ich?

Ich bin ganz und gar nicht schwer.

Der Wind pustet mich vor sich her.

Manchmal leuchte ich ganz weiß.

Im Winter sorge ich für Schnee und Eis.

Für Blumen und Tiere bin ich ein Segen,

denn ich bringe ihnen Regen.

 **Wer bin ich?**

_____

Lies dich schlau!

30

B 9 _Arbeitskarte_ _____

Wer bin ich?

Du siehst mich dort oben

am Himmel stehen.

Ich bin mal ganz, mal halb zu sehen.

Eine Sache finde ich besonders gut:

Auf der Erde

sorge ich für Ebbe und Flut.

Wer bin ich?

_____

Lies dich schlau!

31

B 10 _Arbeitskarte_ _____

Wer bin ich?

Ich blitze silbern im Sonnenlicht.

Sei vorsichtig, sonst schneide ich dich.

Du findest mich in jedem Haus,

ich schneide die tollsten Dinge aus.

Papier und Pappe mache ich klein.

Na, wer könnte ich wohl sein?

Wer bin ich?

_____

Lies dich schlau!

31

B 11 Arbeitskarte

Wer bin ich?

Fliegen – das ist mein Leben.

Für mich kann es nichts Schöneres geben.

Ich bringe dich weit fort,

an jeden fernen Ort.

Über den Wolken sause ich dahin.

Bestimmt weißt du, wer ich bin!

 Wer bin ich?

_____

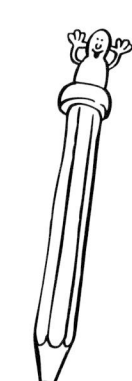

Lies dich schlau!

32

B 12 Arbeitskarte

Wer bin ich?

Ich laufe mit dir mit.

Zusammen gehen wir Schritt für Schritt.

Wir rennen über Stein und Gras.

Das macht mir wirklich großen Spaß.

Und stößt du dir den großen Zeh –

mit mir tust du dir nicht halb so weh.

 **Wer bin ich?**

_____

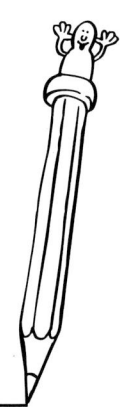

Lies dich schlau!

32

B 13 Arbeitskarte

Wer bin ich?

Im Wald siehst du mich stehen.

Du musst schon ganz genau hinsehen,

ich bin nämlich gar nicht groß.

Ich wachse zwischen Laub und Moos.

Ich habe einen schönen Hut,

der steht mir wirklich gut.

 **Wer bin ich?**

_____

Lies dich schlau!

33

B 14 Arbeitskarte

Wer bin ich?

Du findest mich in jedem Haus.

Du gehst hinein,

du kommst heraus.

Du machst mich auf,

du machst mich zu.

Nur selten habe ich meine Ruh.

Ich habe eine Klinke und ein Schloss.

Rate mal, wer bin ich bloß?

 **Wer bin ich?**

_____

Lies dich schlau!

33

 **B 15** Arbeitskarte _____

Wer bin ich?

Ich bin nicht gerade schön.

Es ist schwierig, mich zu sehen.

Ich bin ganz klein

und doch gemein.

Von Kopf zu Kopf,

springe ich hin und her.

Für mich ist so etwas nicht schwer.

 **Wer bin ich?**

Lies dich schlau!

34

 **B 16** Arbeitskarte _____

Wer bin ich?

Ich sage dir, das ist kein Witz:

Ich bin fast so schnell wie ein Blitz.

Sonne, Mond und Sterne,

die treffe ich wirklich gerne.

Mit viel Gebrumm und lautem Knall,

fliege ich hinauf ins All.

 **Wer bin ich?**

Lies dich schlau!

 34

B 17 Arbeitskarte

Wer bin ich?

Rot und gelb und grün,

diese Farben kannst du sehen.

Zeige ich dir Rot,

dann bleibst du stehen.

Zeige ich dir Grün,

dann erst darfst du weitergehen.

 **Wer bin ich?**

_____

B 18 Arbeitskarte

Wer bin ich?

Was man mit mir machen kann,

kannst du nicht von Anfang an.

Aber dann trampelst du und gibst Gas,

das macht uns beiden großen Spaß.

Zwei Räder habe ich.

Halte nur immer dein Gleichgewicht!

 **Wer bin ich?**

_____

B 19 Arbeitskarte

Wer bin ich?

Mal sind wir dunkel,

mal sind wir hell.

Wir wachsen ganz schön schnell.

Wir sind gelockt

oder auch glatt.

Wir stehen hoch

oder liegen platt.

 **Wer bin ich?**

Lies dich schlau!

36

B Lösungskarte

Wer bin ich?

B 1: Kerze	**B 11:** Flugzeug
B 2: Fußball	**B 12:** Schuh
B 3: Sonne	**B 13:** Pilz
B 4: Tisch oder Stuhl	**B 14:** Tür
B 5: Gummistiefel	**B 15:** Laus oder Floh
B 6: Teddy	**B 16:** Rakete
B 7: Kaktus	**B 17:** Ampel
B 8: Wolke	**B 18:** Fahrrad
B 9: Mond	**B 19:** Haare
B 10: Schere	

Lies dich schlau!

36

Achtung: Fehler!

Löwenzahn

Schau dir den Rand eines Löwenzahnblattes
genau an. Die Ränder sehen fast so aus
wie die Zähne eines Löwen.
Daher hat der Löwenzahn seinen Namen.
Löwenzahn wächst fast überall:
auf Wiesen, Weiden und im Backofen.
Aus den Blüten wird eine Pusteblume.
Die Samen sehen aus wie kleine Fallschirme.
Sie sind ungefähr so groß wie ein Elefant.
Die Wurzeln können sehr lang werden.
Sie wachsen manchmal zwei Meter weit
in den Himmel hinauf.

Lies dich schlau!

37

Achtung: Fehler!

Löwenzahn

Schau dir den Rand eines Löwenzahnblattes
genau an. Die Ränder sehen fast so aus
wie die Zähne eines Löwen.
Daher hat der Löwenzahn seinen Namen.
Löwenzahn wächst fast überall:
auf Wiesen, Weiden und **im Backofen**
(am Straßenrand). Aus den Blüten
wird eine Pusteblume.

Die Samen sehen aus wie kleine Fallschirme.
Sie sind ungefähr so groß **wie ein Elefant**
(wie ein Fingernagel).
Die Wurzeln können sehr lang werden.
Sie wachsen manchmal zwei Meter weit
in den Himmel hinauf (in die Erde hinab).

Lies dich schlau!

37

Achtung: Fehler!

Regenwürmer

Regenwürmer sind ganz wichtig für den Garten.
Sie fressen Laub und alte Socken.
Wenn sie alles verdaut haben,
scheiden sie ganz feine Erde aus.
So sorgen sie für einen gesunden Boden.
Unter der Erde haben sie viele kleine Flughäfen.
Dadurch wird der Boden aufgelockert.
Wenn es regnet, kommen sie aus dem Fahrstuhl
und kriechen nach oben ans Tageslicht.

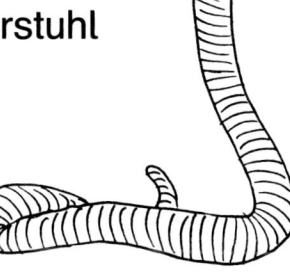

Lies dich schlau!

38

Achtung: Fehler!

Regenwürmer

Regenwürmer sind ganz wichtig für den Garten.
Sie fressen Laub und **alte Socken** (vermoderte Äste).
Wenn sie alles verdaut haben,
scheiden sie ganz feine Erde aus.
So sorgen sie für einen gesunden Boden.
Unter der Erde haben sie viele kleine **Flughäfen**
(Tunnel). Dadurch wird der Boden aufgelockert.
Wenn es regnet, kommen sie aus
dem Fahrstuhl (der Erde) und kriechen
nach oben ans Tageslicht.

Lies dich schlau!

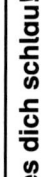

38

© Verlag an der Ruhr · Postfach 10 22 51 · 45422 Mülheim an der Ruhr · www.verlagruhr.de

C3 Arbeitskarte

Achtung: Fehler!

Igel

Igel wachen erst am Abend auf und suchen
sich dann ihr Futter. Am liebsten fressen sie
Schnecken, Würmer und Schulranzen.
Igel haben auch Feinde. Wenn sie von einer Katze
oder einem Bleistift angegriffen werden,
rollen sie sich einfach zusammen.
Durch die vielen Stacheln sind sie dann geschützt.
Autos sind besonders gefährlich für Igel.
Denn hier nützt es ihnen nichts,
wenn sie sich unterhalten.
Daher siehst du so oft tote Igel
auf der Straße liegen.

Lies dich schlau!

39

© Verlag an der Ruhr · Postfach 10 22 51 · 45422 Mülheim an der Ruhr · www.verlagruhr.de

C3 Lösungskarte

Achtung: Fehler!

Igel

Igel wachen erst am Abend auf und suchen
sich dann ihr Futter. Am liebsten fressen sie
Schnecken, Würmer und **Schulranzen**
(zum Beispiel Käfer). Igel haben auch Feinde.
Wenn sie von einer Katze oder einem **Bleistift**
(zum Beispiel Hund) angegriffen werden,
rollen sie sich einfach zusammen.
Durch die vielen Stacheln sind sie dann geschützt.
Autos sind besonders gefährlich für Igel.
Denn hier nützt es ihnen nichts,
wenn sie sich **unterhalten** (einrollen).
Daher siehst du so oft tote Igel
auf der Straße liegen.

Lies dich schlau!

39

C4 Arbeitskarte

Achtung: Fehler!

Wasserfrösche

Der Wasserfrosch lebt in Teichen und Sofaritzen.

Meistens bleibt er in der Nähe des Ufers.

Seine glatte Haut ist immer feucht.

So trocknet er nicht aus.

Er hat eine lange und klebrige Zunge.

Damit kann er sehr gut Nashörner fangen.

Wasserfrösche haben kräftige Hinterbeine.

Damit können sie große Augen machen.

Lies dich schlau!

40

C4 Lösungskarte

Achtung: Fehler!

Wasserfrösche

Der Wasserfrosch lebt in Teichen und **Sofaritzen**
(Tümpeln). Meistens bleibt er in der Nähe des Ufers.

Seine glatte Haut ist immer feucht.

So trocknet er nicht aus.

Er hat eine lange und klebrige Zunge.

Damit kann er sehr gut **Nashörner** (Fliegen) fangen.

Wasserfrösche haben kräftige Hinterbeine.

Damit können sie große **Augen**
(Sprünge) machen.

Lies dich schlau!

40

Achtung: Fehler!

Wildenten

Enten sind am liebsten dort,
wo Schilf das Wasser umgibt.
Eine männliche Ente nennt man Erpel.
Der Erpel hat ein buntes und prächtiges Gefieder.
Das Entenweibchen hat braune Federn und
fällt gar nicht auf. So wird es kaum gesehen,
wenn es im Schilf die Bücher ausbrütet.
Das Nest besteht aus Pflanzen und
wird mit Murmeln ausgepolstert.
Wenn die Küken geschlüpft sind,
bringt die Entenmutter sie ins Hotel.
Die Küken können sofort schwimmen.

Lies dich schlau!

41

C5 Lösungskarte

Achtung: Fehler!

Wildenten

Enten sind am liebsten dort,
wo Schilf das Wasser umgibt.
Eine männliche Ente nennt man Erpel.
Der Erpel hat ein buntes und prächtiges Gefieder.
Das Entenweibchen hat braune Federn und
fällt gar nicht auf. So wird es kaum gesehen,
wenn es im Schilf die **Bücher** (Eier) ausbrütet.
Das Nest besteht aus Pflanzen und
wird mit **Murmeln** (Federn) ausgepolstert.
Wenn die Küken geschlüpft sind,
bringt die Entenmutter sie ins **Hotel**
(Wasser). Die Küken können
sofort schwimmen.

Lies dich schlau!

41

Achtung: Fehler!

Weißstörche

Störche leben in Waschmaschinen und Sümpfen.
Ihre Nester bauen sie eigentlich in Baumkronen.
Manchmal siehst du die Storchennester
auch auf Häusern.
Wenn ein Storch einen Partner gefunden hat,
bleibt er für den Rest seiner Schulzeit
mit ihm zusammen. Bevor es Winter wird,
hüpfen die Störche in den Süden.
Im April kommen sie dann wieder zurück.

Lies dich schlau!

42

© Verlag an der Ruhr · Postfach 10 22 51 · 45422 Mülheim an der Ruhr · www.verlagruhr.de

Achtung: Fehler!

Weißstörche

Störche leben in **Waschmaschinen** (Feuchtgebieten)
und Sümpfen. Ihre Nester bauen sie eigentlich
in Baumkronen. Manchmal siehst du
die Storchennester auch auf Häusern.
Wenn ein Storch einen Partner gefunden hat,
bleibt er für den Rest seiner **Schulzeit** (Lebenszeit)
mit ihm zusammen. Bevor es Winter wird,
hüpfen (fliegen) die Störche in den Süden.
Im April kommen sie dann wieder zurück.

Lies dich schlau!

42

C7 Arbeitskarte

Achtung: Fehler!

Schmetterlinge

Schmetterlinge sind besonders schöne Tiere.
Die Muster auf ihren Fallschirmen sind
richtige Kunstwerke. Schmetterlinge leben
in Gärten und auf Flohmärkten.
Sie können auch die kleinsten Blumen
aus ganz weiter Entfernung aufspüren.
Wenn ihnen der Ort gefällt,
legen sie dort auch ihre Eier ab.
Aber sie sind wählerisch.
Sie haben ihre Lieblingspflanzen.
Sie mögen Klee, Autoreifen und
auch Brennnesseln.

Lies dich schlau!

43

C7 Lösungskarte

Achtung: Fehler!

Schmetterlinge

Schmetterlinge sind besonders schöne Tiere.
Die Muster auf ihren **Fallschirmen** (Flügeln) sind
richtige Kunstwerke. Schmetterlinge leben
in Gärten und auf **Flohmärkten** (Wiesen).
Sie können auch die kleinsten Blumen
aus ganz weiter Entfernung aufspüren.
Wenn ihnen der Ort gefällt,
legen sie dort auch ihre Eier ab.
Aber sie sind wählerisch.
Sie haben ihre Lieblingspflanzen.
Sie mögen Klee, **Autoreifen** (Salat)
und auch Brennnesseln.

Lies dich schlau!

43

C8 — Arbeitskarte

Achtung: Fehler!

Ameisen

Ameisen sind richtige kleine Jäger.
Sie jagen Insekten. Das ist ganz wichtig für den Wald.
Ameisen leben in großen Schneehaufen.
Den ganzen Tag lesen sie in ihrem Nest
oder sie gehen auf Beutefang. Da sie immer
zu mehreren zusammen arbeiten,
können sie auch Tiere angreifen,
die größer als sie sind. Das sind zum Beispiel
Raupen, Larven oder Elefanten.
Waldameisen stehen unter Naturschutz.
Das heißt, dass du ihre Nester
nicht kaputt machen darfst.

Lies dich schlau!

44

C8 — Lösungskarte

Achtung: Fehler!

Ameisen

Ameisen sind richtige kleine Jäger.
Sie jagen Insekten. Das ist ganz wichtig für den Wald.
Ameisen leben in großen **Schneehaufen**
(Ameisenhaufen). Den ganzen Tag **lesen** (arbeiten)
sie in ihrem Nest oder sie gehen auf Beutefang.
Da sie immer zu mehreren zusammen arbeiten,
können sie auch Tiere angreifen,
die größer als sie sind. Das sind zum Beispiel
Raupen, Larven oder **Elefanten** (Käfer).
Waldameisen stehen unter Naturschutz.
Das heißt, dass du ihre Nester
nicht kaputt machen darfst.

Lies dich schlau!

44

Achtung: Fehler!

Eichhörnchen

Eichhörnchen leben ganz oben in den Bäumen.
Dort bauen sie ihre Tiefgaragen. Sie können sehr gut
klettern. Manchmal springen sie sogar von Ast zu Ast.
Mit ihrem buschigen Rucksack können sie
das Gleichgewicht halten. Im Herbst sammeln
die Eichhörnchen Vorräte für den Winter.
Das sind Eicheln, Nüsse oder Nudeln.
Manche Vorräte vergraben sie im Boden.
Wenn sie im Winter aufwachen,
holen sie sich die Nahrung
aus ihren Verstecken.

Lies dich schlau!

45

Achtung: Fehler!

Eichhörnchen

Eichhörnchen leben ganz oben in den Bäumen.
Dort bauen sie ihre **Tiefgaragen** (Nester).
Sie können sehr gut klettern.
Manchmal springen sie sogar von Ast zu Ast.
Mit ihrem buschigen **Rucksack** (Schwanz) können sie
das Gleichgewicht halten. Im Herbst sammeln
die Eichhörnchen Vorräte für den Winter.
Das sind Eicheln, Nüsse oder **Nudeln** (Bucheckern).
Manche Vorräte vergraben sie im Boden.
Wenn sie im Winter aufwachen,
holen sie sich die Nahrung
aus ihren Verstecken.

Lies dich schlau!

45

C10 Arbeitskarte

Achtung: Fehler!

Katzen

Katzen kommen eigentlich aus Afrika.
Dort hielt man sich schon vor ungefähr 4000 Jahren
Katzen als Haustiere. Aber es waren die Katzen,
die beschlossen, sich den Meerschweinchen
anzuschließen.
Katzen leben gerne bei uns.
Doch sie lieben auch ihre Freiheit.
Katzen sind geschickte Jäger und können
Mäuse und Flugzeuge fangen.
Katzen und Hunde können gute
Putzfrauen werden. Besonders dann,
wenn sie sich schon als Jungtiere kennen.

Lies dich schlau!

46

C10 Lösungskarte

Achtung: Fehler!

Katzen

Katzen kommen eigentlich aus Afrika.
Dort hielt man sich schon vor ungefähr 4000 Jahren
Katzen als Haustiere. Aber es waren die Katzen,
die beschlossen, sich den **Meerschweinchen**
(Menschen) anzuschließen.
Katzen leben gerne bei uns.
Doch sie lieben auch ihre Freiheit.
Katzen sind geschickte Jäger und können
Mäuse und **Flugzeuge** (Ratten) fangen.
Katzen und Hunde können
gute **Putzfrauen** (Freunde) werden.
Besonders dann, wenn sie sich
schon als Jungtiere kennen.

Lies dich schlau!

46

C11 Arbeitskarte

Achtung: Fehler!

Meerschweinchen

Du denkst vielleicht, dass Meerschweinchen
gut schwimmen können. Aber sie sind Nichtschwimmer.
Sie wurden früher von Busfahrern über das Meer
mit nach Europa gebracht.
Daher heißen sie Meerschweinchen.
Meerschweinchen hältst du am besten
in einer Dose.
Da sie gar nicht gerne alleine sind,
musst du viel mit ihnen spielen.
Am besten ist es, du hältst zwei Meerschweinchen.
Futter kannst du in jedem Zoogeschäft kaufen.
Sie fressen auch gerne frisches Futter
wie Salat oder Fußbälle.

Lies dich schlau!

47

C11 Lösungskarte

Achtung: Fehler!

Meerschweinchen

Du denkst vielleicht, dass Meerschweinchen
gut schwimmen können. Aber sie sind Nichtschwimmer.
Sie wurden früher von **Busfahrern** (Seefahrern)
über das Meer mit nach Europa gebracht.
Daher heißen sie Meerschweinchen.
Meerschweinchen hältst du am besten
in einer **Dose** (einem Käfig).
Da sie gar nicht gerne alleine sind,
musst du viel mit ihnen spielen.
Am besten ist es, du hältst zwei Meerschweinchen.
Futter kannst du in jedem Zoogeschäft kaufen.
Sie fressen auch gerne frisches Futter
wie Salat oder **Fußbälle** (Obst).

Lies dich schlau!

47

Achtung: Fehler!

Wellensittiche

Wellensittiche kommen aus Australien.
Dort leben sie mit vielen anderen
Fröschen zusammen.
Sie machen alles gemeinsam: Essen, Trinken,
Fernsehen und Baden. Wellensittiche haben
ein sehr gutes Gehör. Sie finden es gar nicht gut,
wenn der Fernseher oder die Musik zu laut ist.
Aber sie baden sehr gerne in ihrem Suppentopf.
Einen Wellensittich solltest du
niemals alleine halten.
Sie sind sehr treu und
bleiben ein Leben lang
mit dem Partner zusammen.

Lies dich schlau!

48

Achtung: Fehler!

Wellensittiche

Wellensittiche kommen aus Australien.
Dort leben sie mit vielen anderen **Fröschen**
(Wellensittichen) zusammen.
Sie machen alles gemeinsam: Essen, Trinken,
Fernsehen (Schlafen) und Baden.
Wellensittiche haben ein sehr gutes Gehör.
Sie finden es gar nicht gut, wenn der Fernseher
oder die Musik zu laut ist. Aber sie baden sehr gerne
in ihrem **Suppentopf** (Badehäuschen).
Einen Wellensittich solltest du
niemals alleine halten.
Sie sind sehr treu und
bleiben ein Leben lang
mit dem Partner zusammen.

Lies dich schlau!

48

C13   Arbeitskarte

Achtung: Fehler!

Hamster

Du hast bestimmt schon einmal einen Hamster
mit ganz dicken Backen gesehen: Dann hat er
gerade mal wieder ganz viele Bleistifte gehamstert.
Ein Hamster braucht einen Käfig und
eine Luftmatratze, damit er in Ruhe schlafen kann.
Denn besonders beim Lesen will er nicht
gestört werden. Hamster kannst du gut alleine halten.
Sie brauchen keinen Artgenossen,
damit sie sich wohlfühlen.

Lies dich schlau!

49

C13   Lösungskarte

Achtung: Fehler!

Hamster

Du hast bestimmt schon einmal einen Hamster
mit ganz dicken Backen gesehen: Dann hat er
gerade mal wieder ganz viele **Bleistifte** (Körner)
gehamstert. Ein Hamster braucht einen Käfig und
eine Luftmatratze (ein Schlafhäuschen), damit er
in Ruhe schlafen kann. Denn besonders beim **Lesen**
(Schlafen) will er nicht gestört werden.
Hamster kannst du gut alleine halten.
Sie brauchen keinen Artgenossen,
damit sie sich wohlfühlen.

Lies dich schlau!

49

Achtung: Fehler!

Kaninchen

Die Heimat der Kaninchen ist Spanien.
Dort sind sie über Felder und Hochhäuser geflitzt.
Seefahrer haben sie mit zu uns gebracht.
Achte darauf, dass dein Kaninchen
viel Bewegung hat. Es sollte auf keinen Fall
nur in seinem Badezimmer hocken.
Im Sommer freuen sich die Kaninchen,
wenn sie draußen im Kühlschrank sein können.
Kaninchen können ganz tolle Freunde sein.
Wenn sie ganz vorsichtig
an deiner Hand lecken,
wollen sie dir zeigen,
dass sie dich gerne haben.

Lies dich schlau!

50

Achtung: Fehler!

Kaninchen

Die Heimat der Kaninchen ist Spanien.
Dort sind sie über Felder und **Hochhäuser**
(Wiesen) geflitzt. Seefahrer haben sie
mit zu uns gebracht. Achte darauf,
dass dein Kaninchen viel Bewegung hat.
Es sollte auf keinen Fall nur in seinem
Badezimmer (Käfig) hocken. Im Sommer
freuen sich die Kaninchen, wenn sie draußen
im **Kühlschrank** (Freien) sein können.
Kaninchen können ganz tolle Freunde sein.
Wenn sie ganz vorsichtig
an deiner Hand lecken,
wollen sie dir zeigen,
dass sie dich gerne haben.

Lies dich schlau!

50

D 1 — Infokarte

Schon gewusst?

Was ist eigentlich Wind?

Du kannst den Wind fühlen. Du kannst auch sehen,
wie sich Bäume und Blätter bewegen.
Aber eigentlich ist der Wind unsichtbar.
Wind ist Luft, die sich bewegt.
Luft bewegt sich zum Beispiel,
wenn die Sonne sie erwärmt.
Sie wird dann leichter und steigt nach oben.
Kalte Luft strömt nach und nimmt den Platz ein.
So entsteht Wind.

Lies dich schlau!

51

D 1 — Arbeitskarte

Schon gewusst?

Was ist eigentlich Wind?

1. Du kannst Wind im Gesicht fühlen.

2. Bäume und Blätter bewegen sich nicht im Wind.

3. Wind ist unsichtbar.

4. Warme Luft wird leichter.

5. Kalte Luft steigt nach oben.

6. Warme Luft steigt nach oben.

7. Luft steigt nie nach oben.

8. Die Sonne kann Luft erwärmen.

Lies dich schlau!

51

Schon gewusst?

Was haben Wolken mit Regen zu tun?

Manche Wolken sehen so aus, als wären sie
aus Watte. Aber das sind sie nicht.
Wolken bestehen aus ganz vielen Wassertropfen.
Diese Wassertropfen sind so winzig und leicht,
dass sie in der Luft schweben.
Manchmal schließen sich die kleinen Tropfen
zu größeren Tropfen zusammen.
Sie werden immer schwerer.
Dann können sie sich nicht mehr
in der Wolke halten.
Es beginnt zu regnen.

Lies dich schlau!

Schon gewusst?

Was haben Wolken mit Regen zu tun?

1. Wolken sind aus Watte.

2. Wolken bestehen aus Wassertropfen.

3. Die Wassertropfen sind riesig.

4. Die Wassertropfen sind ganz schwer.

5. Es sind ganz kleine Wassertropfen.

6. Die Wassertropfen schweben in der Luft.

7. Die kleinen Tropfen können sich zu größeren
   Tropfen zusammentun.

8. Irgendwann werden die Tropfen zu schwer und
   fallen auf den Boden.

Lies dich schlau!

D3 Infokarte

Schon gewusst?

Wie entsteht ein Regenbogen?

Ein Regenbogen entsteht, wenn es regnet und
gleichzeitig die Sonne scheint. Das ist etwas
ganz Besonderes. Denn so kannst du sehen,
dass das Sonnenlicht aus mehreren Farben besteht.
Wenn ein Lichtstrahl auf einen Regentropfen trifft,
kann er nicht einfach gerade hindurchstrahlen.
Er wird geknickt. Man sagt auch „das Licht
wird gebrochen". Jede Farbe wird unterschiedlich
steil gebrochen. Dadurch siehst du
die Regenbogenfarben
am Himmel.

Lies dich schlau!

53

D3 Arbeitskarte

Schon gewusst?

Wie entsteht ein Regenbogen?

1. Ein Regenbogen entsteht, wenn es windig ist.

2. Wenn es regnet und die Sonne scheint, entsteht ein Regenbogen.

3. Das Sonnenlicht besteht aus mehreren Farben.

4. Das Sonnenlicht besteht nur aus zwei Farben.

5. Ein Lichtstrahl scheint ganz gerade durch einen Regentropfen.

6. Die Lichtstrahlen werden gebrochen.

7. Jede Farbe wird unterschiedlich steil gebrochen.

Lies dich schlau!

53

Schon gewusst?

Was sind Wüsten?

In Wüsten ist es sehr trocken. Hier regnet es nur
sehr selten. In manchen Wüsten regnet es nie.
Es gibt sehr starke Sandstürme.
Sie wirbeln den Sand zu großen Hügeln auf.
Diese Hügel nennen wir Dünen.
Die Sahara ist die größte Wüste der Welt.
Aber es gibt auch Wüsten,
die nicht sandig sind.
Hier gibt es Felsen
und Steine.

Schon gewusst?

Was sind Wüsten?

1. In einer Wüste regnet es sehr oft.

2. In manchen Wüsten regnet es nie.

3. In einer Wüste gibt es Sandstürme.

4. Die Sahara ist die kleinste Wüste der Welt.

5. Die Sahara ist die größte Wüste der Welt.

6. Die Sahara ist gar keine Wüste.

7. Es gibt nur sandige Wüsten.

8. Es gibt auch Felswüsten.

D5 Infokarte

Schon gewusst?

Was sind Vulkane?

Vulkane sind ganz besondere Berge.

Sie spucken manchmal Feuer, Asche und Lava.

Der Grund dafür liegt im Inneren der Erde.

Unsere Erde besteht aus mehreren Schichten.

Nur die äußerste Schicht ist fest.

Diese Schicht heißt Erdkruste.

Unter der Erdkruste ist es so heiß,

dass sogar das Gestein schmilzt.

Ein Vulkan ist ein Riss in der Erdkruste.

Durch diesen Riss kommen Gas

und das geschmolzene Gestein

aus dem Inneren der Erde nach oben.

Diese flüssigen Steine nennt man Lava.

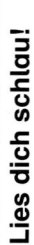

Lies dich schlau!

55

D5 Arbeitskarte

Schon gewusst?

Was sind Vulkane?

1. Unsere Erde ist innen hohl.

2. Die äußere Erdschicht nennt man Erdkruste.

3. Vulkane spucken Lava.

4. In einem Vulkan ist es eiskalt.

5. Flüssiges Gestein nennt man Asche.

6. Lava ist flüssiges Gestein.

7. Ein Vulkan kann ausbrechen.

8. Ein Vulkan kann reden.

Lies dich schlau!

55

Schon gewusst?

Was sind Planeten?

Das Wort „Planet" ist griechisch.
Es bedeutet „Wanderer". Unsere Erde ist ein Planet.
Die Erde hat acht Nachbarn. Zusammen sind es also
neun Planeten. Alle Planeten kreisen um die Sonne.
Die Sonne ist kein Planet. Sie ist ein Stern.
Sterne sind sehr heiß und können
eigenes Licht erzeugen. Ein Planet kann das nicht.

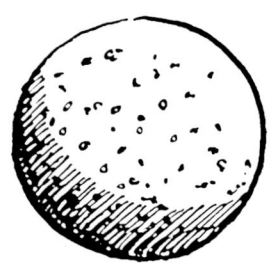

Lies dich schlau!

56

Schon gewusst?

Was sind Planeten?

1. Das Wort „Planet" ist griechisch.

2. Unsere Erde hat drei Nachbarn.

3. Zusammen sind es neun Planeten.

4. Alle Planeten kreisen um die Erde.

5. Die Sonne ist auch ein Planet.

6. Die Erde ist ein Stern.

7. Sterne sind sehr heiß.

8. Sterne können eigenes Licht erzeugen.

Lies dich schlau!

56

 **D7** Infokarte

Schon gewusst?

Was ist an der Erde so besonders?

Zusammen mit acht anderen Planeten umkreist
die Erde die Sonne. Unsere Erde ist aber
ein besonderer Planet. Er ist der einzige Planet
in unserem Sonnensystem, auf dem es
Leben geben kann. Vom Weltraum aus sieht die Erde
blau aus. Das liegt daran, dass der größte Teil der
Erde mit Wasser bedeckt ist.
Ohne Wasser könnten wir
nicht überleben.
Und nur auf der Erde
gibt es die Luft,
die wir zum Atmen brauchen.

Lies dich schlau!

57

 **D7** Arbeitskarte

Schon gewusst?

Was ist an der Erde so besonders?

1. Die Erde umkreist den Mond.

2. Die Erde kreist um die Sonne.

3. Es gibt auch auf den anderen Planeten Lebewesen.

4. Vom Weltraum aus sieht die Erde blau aus.

5. Der größte Teil der Erde ist mit Wiesen bedeckt.

6. Wir brauchen Wasser zum Leben.

7. Wir können auch ohne Wasser leben.

8. Nur auf der Erde gibt es Luft, die wir atmen können.

Lies dich schlau!

57

Schon gewusst?

Ist die Erde eine Scheibe?

Wir wissen heute, dass die Erde rund ist und
um die Sonne kreist. Das war aber nicht immer so.
Früher hatten die Menschen ein ganz anderes Bild
von der Erde: Sie glaubten, dass die Erde
der Mittelpunkt des Weltalls war. Sie glaubten auch,
dass sich die Sonne um die Erde drehte.
Die Menschen damals dachten, dass die Erde
eine flache Scheibe sei. Und wenn die Seefahrer
zu weit auf das Meer hinaus fuhren,
würden sie über den Rand fallen.

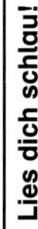

Lies dich schlau!

58

Schon gewusst?

Ist die Erde eine Scheibe?

1. Die Menschen damals wussten noch nicht
   so viel über die Erde.

2. Sie wussten schon, dass die Erde rund ist.

3. Die Menschen glaubten, dass die Erde
   eine Scheibe sei.

4. Sie glaubten, dass sich die Sonne
   um die Erde dreht.

5. Sie wussten, dass sich die Erde
   um die Sonne dreht.

6. Die Menschen glaubten, dass die Seefahrer
   über den Rand fallen konnten.

Lies dich schlau!

58

Schon gewusst?

Gibt es Leben auf dem Mars?

Der Mars ist ein Planet, genau wie unsere Erde.
Viele Forscher fragen sich, ob irgendwann
einmal jemand auf dem Mars leben kann.
Im Moment ist das nicht möglich.
Der Mars ist der vierte Planet in unserem
Sonnensystem. Das heißt, es gibt noch
drei Planeten, die näher an der Sonne sind.
Dazu gehört auch die Erde.
Auf dem Mars ist es viel kälter als hier.
Nicht einmal in einer Gefriertruhe
ist es so kalt. Außerdem gibt es
hier keine Luft zum Atmen.

© Verlag an der Ruhr · Postfach 10 22 51 · 45422 Mülheim an der Ruhr · www.verlagruhr.de

Lies dich schlau!

59

Schon gewusst?

Gibt es Leben auf dem Mars?

1. Der Mars ist der vierte Planet in
   unserem Sonnensystem.

2. Die Erde ist näher an der Sonne als der Mars.

3. Es gibt Lebewesen auf dem Mars.

4. Auf dem Mars kann im Moment niemand überleben.

5. Auf dem Mars ist es genauso warm wie
   auf der Erde.

6. Auf dem Mars ist es noch viel kälter als
   in einer Gefriertruhe.

7. Auf dem Mars gibt es keine Luft zum Atmen.

© Verlag an der Ruhr · Postfach 10 22 51 · 45422 Mülheim an der Ruhr · www.verlagruhr.de

Lies dich schlau!

59

D 10 Infokarte

Schon gewusst?

Warum kann ein Kamel in der Wüste leben?

In einer Wüste ist es sehr heiß und trocken.
Viele Lebewesen könnten hier nicht überleben.
Das Kamel ist ein idealer Wüstenbewohner.
In den Höckern speichert das Kamel Fett.
Wenn es einmal keine Nahrung findet,
kann das Kamel lange Zeit von diesem Fett leben.
Es kommt auch viele Tage ohne Wasser aus.
Ein Kamel kann seine Nasenlöcher verschließen.
So gelangt kein Staub
oder Sand in die Nase.
Außerdem hat es
ganz lange Wimpern.
Dadurch sind die Augen
vor dem Sand geschützt.

D 10 Arbeitskarte

Schon gewusst?

Warum kann ein Kamel in der Wüste leben?

1. In einer Wüste ist es eisig kalt.

2. Ein Kamel kann sehr gut in der Wüste überleben.

3. In den Höckern ist Wasser gespeichert.

4. In den Höckern ist Fett gespeichert.

5. Ein Kamel kann seine Ohren verschließen.

6. Ein Kamel verschließt die Nase,
   damit kein Sand hinein gelangt.

7. Das Kamel hat ganz lange Wimpern.

8. Ein Kamel kommt nur wenige Minuten
   ohne Wasser aus.

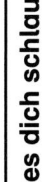

D 11 Infokarte

Schon gewusst?

Warum läuft der Strauß im Zickzack?

Der Strauß ist der größte Vogel der Welt.
Fliegen kann er nicht. Er ist ein Laufvogel.
Die kleinen Küken können natürlich noch nicht so
schnell laufen. Wenn sie einen Feind bemerken,
lassen sie sich einfach zu Boden fallen.
Dann kommt schnell ihr Vater herbei.
Er lässt einen Flügel hängen und läuft
im Zickzack. So sieht es aus,
als ob er eine leichte Beute wäre.
So lenkt er den Feind ab.
Und Mutter Strauß bringt
die Kleinen schnell in Sicherheit.

D 11 Arbeitskarte

Schon gewusst?

Warum läuft der Strauß im Zickzack?

1. Ein Strauß kann fliegen.

2. Der Strauß ist der größte Vogel der Welt.

3. Der Strauß ist ein Laufvogel.

4. Auch die Küken können schon ganz schnell laufen.

5. Wenn ein Feind angreift, flüchten die Vogeleltern.

6. Vater Strauß tut so, als ob er
   eine leichte Beute wäre.

7. Vater Strauß lenkt die Feinde ab.

8. Mutter Strauß bringt die Küken in Sicherheit.

Schon gewusst?

Ist ein Delphin ein Fisch?

Ein Delphin lebt im Wasser. Er ist aber kein Fisch.
Ein Delphin ist ein Säugetier. Fische haben Kiemen.
Mit den Kiemen können sie unter Wasser atmen.
Ein Delphin hat eine Lunge. Ein Delphin kann nicht
unter Wasser atmen.
Deswegen muss er
auch immer wieder
auftauchen.
Ein Delphin legt auch
keine Eier. Die Jungen kommen
lebend zur Welt. Die kleinen Delphine
trinken Muttermilch.

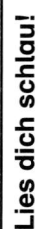

Lies dich schlau!

62

Schon gewusst?

Ist ein Delphin ein Fisch?

1. Ein Delphin ist ein Fisch.

2. Ein Delphin hat Kiemen.

3. Ein Delphin ist ein Säugetier.

4. Ein Delphin kann unter Wasser atmen.

5. Ein Delphin hat eine Lunge.

6. Ein Delphin legt Eier.

7. Delphine kommen lebend zur Welt.

8. Kleine Delphine trinken Muttermilch.

Lies dich schlau!

62

D 13 Infokarte

Schon gewusst?

Warum muss man schlafen?

Jeder Mensch muss schlafen. Der Körper braucht diese Zeit, um sich zu erholen. Manchmal kannst du vor Müdigkeit die Augen nicht mehr aufhalten. Wenn du müde bist, geht alles langsamer. Deine Augenlider bewegen sich nicht mehr so oft und du hast weniger Tränenflüssigkeit. Wenn du die Augen zu hast, ist das egal. Wenn du sie aber aufmachst, brennen deine Augen ein wenig. Es ist so, als hättest du Sand in den Augen. Jetzt weißt du, warum man sagt: Das Sandmännchen war da!

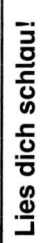

D 13 Arbeitskarte

Schon gewusst?

Warum muss man schlafen?

1. Der Körper braucht keinen Schlaf.

2. Im Schlaf erholt sich der Körper.

3. Wenn du müde bist, arbeitet dein Körper normal weiter.

4. Wenn du müde bist, bewegen sich deine Augenlider nicht mehr so oft.

5. Wenn du die Augen öffnest, brennen sie ein wenig.

6. Es ist so, als hättest du Sand in den Augen.

7. Das Sandmännchen streut wirklich Sand in deine Augen.

D 14 Infokarte

Schon gewusst?

Wozu ist die Haut da?

Die Haut ist unser größtes Sinnesorgan.
Unsere Haut hat viele Aufgaben zu erfüllen.
Sie ist für uns wie eine große Schutzhülle.
Sie schützt uns zum Beispiel vor Stößen,
Sonne und Kälte. In der Haut sind
ganz viele Nerven. Deswegen kannst du fühlen,
wenn dich jemand streichelt
oder dir jemand weh tut.
In der Haut sind auch Schweißdrüsen.
Wenn du läufst oder dich anstrengst,
fängst du an zu schwitzen.
Das ist für den Körper ganz wichtig.
Dadurch kühlen sich die Haut und das Blut ab.
Und deine Körpertemperatur steigt nicht an.

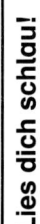

D 14 Arbeitskarte

Schon gewusst?

Wozu ist die Haut da?

1. Die Haut ist ein Sinnesorgan.

2. Die Haut ist total überflüssig.

3. Die Haut schützt unseren Körper.

4. In deiner Haut sind ganz viele Nerven.

5. Schwitzen ist für den Körper schädlich.

6. In der Haut hast du Schweißdrüsen.

7. Durch das Schwitzen kühlt sich die Haut ab.

8. Du schwitzt, wenn du dich anstrengst
   oder Sport machst.

D Lösungskarte

Schon gewusst?

Diese Sätze sind richtig:

D1 (Wind):	1, 3, 4, 6, 8	**D8 (Erde/Scheibe):**	1, 3, 4, 6
D2 (Wolken):	2, 5, 6, 7, 8	**D9 (Mars):**	1, 2, 4, 6, 7
D3 (Regenbogen):	2, 3, 6, 7	**D10 (Kamel):**	2, 4, 6, 7
D4 (Wüsten):	2, 3, 5, 8	**D11 (Strauß):**	2, 3, 6, 7, 8
D5 (Vulkane):	2, 3, 6, 7	**D12 (Delphin):**	3, 5, 7, 8
D6 (Planeten):	1, 3, 7, 8	**D13 (schlafen):**	2, 4, 5, 6
D7 (Erde):	2, 4, 6, 8	**D14 (Haut):**	1, 3, 4, 6, 7, 8

Lies dich schlau!

Lesekünstler

Ein Zug voller Tiere

In diesem Zug fahren nur Tiere.
Ganz vorne fährt eine Lok.
Der Zug hat vier Waggons.
Aus dem ersten Waggon
schaut eine Giraffe aus dem Dach heraus.
Aus dem zweiten Waggon winkt ein Elefantenrüssel.
Im dritten Waggon schaut eine Schweinenase
durch das Fenster.
Und im letzten Waggon?
Da guckt hinten ein Krokodilschwanz heraus.

Lesekünstler

Ein verrücktes Haus

Das Haus hat ein dreieckiges Fenster.
Die Haustür ist rund und leuchtet ganz rot.
Auf dem grünen Dach ist auch ein Schornstein.
Der Schornstein ist lila.
Aus dem Schornstein steigt Rauch.
Die Rauchwolken sehen aus wie kleine Herzen.
Wer wohnt denn wohl in einem solchen Haus?
Denke dir jemanden aus und male ihn dazu!

E 3 Arbeitskarte

Lesekünstler

Eine bunte Wiese

Es ist Frühling.
Deswegen wachsen auf der Wiese
viele bunte Blumen:
Es gibt zwei gelbe,
drei rote und vier weiße Blumen.
Das Gras ist sehr lang und grün.
Die Sonne scheint.
Am Himmel ist nur eine kleine Wolke.
In der Luft tanzen zwei gelbe Schmetterlinge.
Unten im Gras hat sich eine
braune Schnecke versteckt.

Lies dich schlau!

67

E 4 Arbeitskarte

Lesekünstler

Ein schreckliches Monster

Das Monster hat einen riesigen Kopf.
Auf dem Kopf hat es ein grünes,
ein rotes und ein gelbes Haar.
Es hat nur ein Auge.
Das Auge leuchtet grün und rot.
Die Nase ist kugelrund und rot.
Es hat zwei spitze Zähne.
Aber der Mund lacht ganz nett.
Vielleicht ist das Monster doch nicht so schrecklich.
Wie sieht wohl der Rest vom Körper aus?
Male das Monster weiter!

Lies dich schlau!

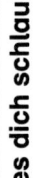

67

© Verlag an der Ruhr · Postfach 10 22 51 · 45422 Mülheim an der Ruhr · www.verlagruhr.de

Lesekünstler

Ein Gespensterschloss

Auf einem Hügel steht eine graue Burg.

Die Burg hat zwei hohe Türme.

In der Mitte ist ein großes braunes Tor.

Auf dem Hügel wachsen auch noch zwei Bäume.

Die Bäume haben keine Blätter, aber ganz viele Äste.

Über der Burg schweben zwei Gespenster.

Sie winken dir zu.

Bist du mutig genug, um hineinzugehen?

Dann male dich dazu!

Lies dich schlau!

© Verlag an der Ruhr · Postfach 10 22 51 · 45422 Mülheim an der Ruhr · www.verlagruhr.de

Lesekünstler

Ein lustiger Hund

Der Hund ist kunterbunt.

Er hat ein gelbes und ein rotes Schlappohr.

Seine Nase ist lila. Der Körper ist blau.

Nur der Schwanz hat schwarze Streifen.

Auf seinem Körper sind grüne Punkte.

Ein so verrückter Hund

braucht auch eine verrückte Hütte.

Wie sieht sie wohl aus?

Male sie dazu!

Lies dich schlau!

© Verlag an der Ruhr · Postfach 10 22 51 · 45422 Mülheim an der Ruhr · www.verlagruhr.de

Lesekünstler

Der Räuberhauptmann

Rudi der Räuber
kommt von einem Überfall nach Hause.
Er hat einen zerbeulten Hut auf dem Kopf.
Auf dem Hut ist eine Feder.
Er trägt einen breiten Gürtel.
An dem Gürtel hängt sein Schwert.
Seine Stiefel gehen bis über das Knie.
Neben ihm steht ein großer Sack.
Was ist wohl darin?
Male es dazu!

© Verlag an der Ruhr · Postfach 10 22 51 · 45422 Mülheim an der Ruhr · www.verlagruhr.de

Lesekünstler

Die Mäusebrüder

Anton, Karl, Heinz und Fred sind Mäuse.
Sie sind Brüder. Alle sind braun
und haben einen langen Schwanz.
Sehen sie wirklich ganz gleich aus?
Anton hat eine rote Mütze auf.
Karl hat eine Schleife um den Schwanz.
Heinz hat einen gelben Schal um.
Und Fred hat eine Brille auf der Nase.
Schreibe die Namen der Mäuse zu deinen Bildern!

Lesekünstler

Ein verliebter Hahn

Hugo der Hahn ist verliebt.

Er steht oben auf dem Misthaufen.

Sein Kamm leuchtet ganz rot.

Vor dem Misthaufen stehen drei Hühner.

Helga ist ein ganz dickes Huhn mit bunten Federn.

Hanna hat ganz lange Federn. Sie sind weiß.

Heidi hat ganz lange Beine. Ihre Federn sind braun.

In welches Huhn ist Hugo wohl verliebt?

Male über dieses Huhn ein Herz!

Lies dich schlau!

70

Lesekünstler

Das Seeungeheuer

In diesem See wohnt ein Seeungeheuer.

Der lange Hals schaut aus dem Wasser heraus.

Der Hals ist grün und hat rote Punkte.

Es hat eine lange Schnauze.

Die Zunge hängt heraus.

Ist es ein gefährliches Monster?

Dann male noch Rauchwolken dazu!

Ist es ein nettes Monster?

Dann male ein paar Herzen dazu!

Lies dich schlau!

70

E 11 Arbeitskarte

Lesekünstler

Eine faule Biene

Berta, die fleißige Biene, macht Urlaub.
Zwischen zwei Grashalmen ist
eine Hängematte gespannt.
In der Hängematte liegt Berta.
Neben ihr auf dem Boden steht
ein winziges Glas mit Limonade.
Darin steckt ein roter Strohhalm.
Berta ruht sich aus und träumt.
Wovon träumt sie wohl?
Male es in einer Denkblase dazu!

Lies dich schlau!

71

E 12 Arbeitskarte

Lesekünstler

Besuch aus dem Weltall

Ein Raumschiff landet auf der Erde.
Es ist kugelrund wie ein Ball.
Auf dem Dach blinken drei Lichter.
Eins ist rot, eins ist blau und eins ist gelb.
Außerdem hat das Raumschiff vier Antennen
auf dem Dach. Aus dem Triebwerk kommt
gelber Rauch. Der Pilot steigt aus dem Raumschiff.
Wie sieht er wohl aus? Male ihn neben sein Schiff!

Lies dich schlau!

71

Lesekünstler

Ein magischer Auftritt

Zauberer Zimperlich hat wieder einen Auftritt.

Er trägt einen blauen Umhang mit roten Sternen.

Auf seinem Kopf hat er einen spitzen gelben Hut.

Aus seinem Zauberstab sprühen Funken.

Vor ihm steht ein schwarzer Hut.

Was zaubert er daraus wohl hervor?

Male es dazu!

Lies dich schlau!

Lesekünstler

Ein hungriger Frosch

Karl, der Frosch, hat Hunger.

Drei Fliegen schwirren um seine Nase herum.

Eine ist ganz dick und hat kleine Flügel.

Eine Fliege hat riesige Flügel.

Die dritte Fliege hat ganz lange Beine.

Welche Fliege soll Karl fressen? Kreise sie ein!

Willst du, dass die Fliegen entkommen?

Dann male etwas anderes zu fressen für Karl!

Lies dich schlau!

Lesekünstler

Ein Schneemann in der Sonne

Der Schneemann hat drei Kugeln.

Auf dem Kopf hat er einen kaputten Suppentopf.

Seine Nase ist eine Mohrrübe.

Er hat einen gestreiften Schal um.

Die Sonne scheint.

Soll der Schneemann schmelzen?

Dann male eine Pfütze neben ihn!

Soll er stehen bleiben?

Dann male eine Sonnenbrille für ihn!

Lies dich schlau!

73

Lesekünstler

Ein spannendes Aquarium

In dem Aquarium schwimmen zwei Fische.

Der eine hat eine wunderschöne rote Schwanzflosse.

Der andere hat blaue Streifen auf seinem Körper.

Seine Schwanzflosse ist gelb.

Eine Wasserschnecke kriecht die Scheibe hoch.

Auf dem Boden des Aquariums ist eine Höhle
aus Steinen.

Hier wohnt aber kein Fisch!

Wer könnte der Bewohner der Höhle sein?

Male ihn dazu!

Lies dich schlau!

73

Literatur und Internetadressen

Für Lehrer

Bartl, Almuth:
Spiele für die Schule: Lesen macht Spaß.
Oldenbourg, 1997. ISBN 3-486-98698-8

Checky: Lesen üben. Herbst-Geschichten.
Verlag an der Ruhr, 1998. ISBN 3-86072-503-3

Ehrmann, Ulla:
**Die Lese-Ideenkiste: Bücherlesen vom
ersten Schultag an.**
Verlag an der Ruhr, 2000. ISBN 3-86072-579-3

Hund, Wolfgang:
**Aus der Zauberkiste: Tricks für den
Sprachunterricht.** Verlag an der Ruhr, 2001.
ISBN 3-86072-581-5

Ernst, K. (Hrsg.):
10 x 10 Leseanregungen. Erle Verlag, 2000.
ISBN 3-9520440-6-7

Lechner, Thomas/Schlemmer, Tina:
**Richtig hinschauen, genau lesen: Eine
Übungsmappe.** Verlag an der Ruhr, 2000.
ISBN 3-86072-590-4

Müller, Ellen:
Spannende Sachtexte lesen und verstehen.
Persen, 2002. ISBN 3-89358-863-9

Reuker, Susanne/Kowalczyk, Walter/
Heilmann, Klaus:
Lesespiele. Verlag an der Ruhr, 1991.
ISBN 3-86072-008-2

Für Kinder

Schmitz-Strempel, Christiane/Strempel, Günter:
Das neue Falken Kinderlexikon. Falken/VVA,
2001. ISBN 3-8068-7583-9

Übelacker, Dr. Erich (Übers.):
**Tessloffs schlaues Antwortbuch: Wieso?
Warum? Weshalb?.** Tessloff, 1999.
ISBN: 3-7886-0378-X

Würmli, Marcus:
Der Kinder Brockhaus in vier Bänden.
Bibliographisches Institut & F. A. Brockhaus AG,
3. akt. Aufl. 2001. ISBN 3-7653-1803-5

Internetadressen

home.t-online.de/home/hh.uhl/hu.htm
Leseblätter für den Erstleseunterricht, Übungen
mit Lernwörtern zur Diktatvorbereitung und weite-
res Unterrichtsmaterial für das Fach Deutsch
zum Download.

www.wilfriedmetze.de/Lesetest/index.html
Lesetest für die Klassen 1 bis 4, der das
Lesetempo, die Lesegenauigkeit und das
Leseverstehen testet zum kostenlosen Download.

www.learn-line.nrw.de/angebote/lesekinder/
Dieser Infobereich auf dem Bildungsserver
learn:line wendet sich an Kinder, Elten, Lehrende
und alle, die am Lesen und seiner Förderung inter-
essiert sind. Hier finden Sie vielfältige Angebote
zur Leseförderung: Buchtipps, kompetente Lese-
Links, Lese-Schulen, Lesestädte, Lesebücher von
Kinder, eben ganz viel rund um das Lesen.

Auf diesen Seiten können sich Kinder u.a. viele
spannende Sachinformationen erlesen:
www.emil-gruenbaer.de/
www.blinde-kuh.de/
www.kidsweb.de/
www.labbe.de/
www.naturdetektive.de/
www.geo.de/geolino/

www.verlagruhr.de
Da sich Internetadressen schnell verändern
können, finden Sie auf unserer Homepage unter
dem Titel „Lies dich schlau!" eine stets aktuali-
sierte Linkliste aller hier aufgeführten Internetadressen.

Spiele zu Kinder- und Jugendbüchern

Paul Rooyackers, Saskia Heerkens
Alle Schulstufen, 136 S.,
16 x 23 cm, Pb.
ISBN 3-86072-419-3
Best.-Nr. 2419
14,80 € (D)/15,20 € (A)/25,90 CHF

Richtig hinschauen, genau lesen

Eine Übungsmappe
Thomas Lechner, Tina Schlemmer
Ab Kl. 2, 51 S., A4, Papph.
ISBN 3-86072-590-4
Best.-Nr. 2590
17,– € (D)/17,50 € (A)/29,80 CHF

Die Lese-Ideenkiste

Bücherlesen vom ersten Schultag an
Ulla Ehrmann
Ab Kl. 1, 124 S., A5, Pb.
ISBN 3-86072-579-3
Best.-Nr. 2579
9,60 € (D)/9,85 € (A)/17,– CHF

Lies dich schlau!

Eine Übungskartei zum sinnentnehmenden Lesen
Astrid Grabe
Kl. 2–3, 74 S., A4, Papph.
ISBN 3-86072-707-9
Best.-Nr. 2707
18,60 € (D)/19,15 € (A)/32,60 CHF

Literatur-Werkstatt:
„Kleiner Eisbär, wohin fährst du?"

Annette Raether, Annette Hautzel, Ulrike Ising-Mika
Kl. 1–2, 55 S., A4, Papph.
ISBN 3-86072-708-7
Best.-Nr. 2708
17,– € (D)/17,50 € (A)/29,80 CHF

Literatur-Werkstatt:
„Elmar"

Ursula Arndt
Ab Kl. 1, 67 S., A4, Papph.
ISBN 3-86072-606-4
Best.-Nr. 2606
18,40 € (D)/18,90 € (A)/32,20 CHF

Literatur-Werkstatt:
„Frederick"

Britta Arendt
Kl. 1–2, 63 S., A4, Papph.
ISBN 3-86072-673-0
Best.-Nr. 2673
18,– € (D)/18,50 € (A)/31,50 CHF

Literatur-Kartei:
„Wo die wilden Kerle wohnen"

Ulla Ehrmann, Ulrich Hecker, Wilhelm Nüchter
Kl. 2–3, 55 S., A4, Papph.
ISBN 3-86072-607-2
Best.-Nr. 2607
17,– € (D)/17,50 € (A)/29,80 CHF

Literatur-Kartei:
„Hanno malt sich einen Drachen"

Regina Spirgatis-Budnick
Ab Kl. 2, 76 S., A4, Papph.
ISBN 3-86072-492-4
Best.-Nr. 2492
18,60 € (D)/19,15 € (A)/32,60 CHF

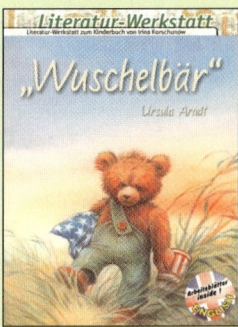

Literatur-Werkstatt:
„Wuschelbär"

Ursula Arndt
Ab Kl. 2, 62 S., A4, Papph.
ISBN 3-86072-641-2
Best.-Nr. 2641
17,90 € (D)/18,40 € (A)/31,40 CHF

Literatur-Kartei:
„Post für den Tiger"

Ursula Hänggi
Kl. 2–3, 94 S., A4, Papph.
ISBN 3-86072-181-X
Best.-Nr. 2181
18,60 € (D)/19,15 € (A)/32,60 CHF

Literatur-Kartei:
„Der Findefuchs"

Sabine Willmeroth
Kl. 2–3, 64 S., A4, Papph.
ISBN 3-86072-608-0
Best.-Nr. 2608
17,90 € (D)/18,40 € (A)/31,40 CHF

Verlag an der Ruhr • Postfach 10 22 51 • D–45422 Mülheim an der Ruhr
Tel.: 0208/495040 • Fax: 0208/4950495 • E-Mail: info@verlagruhr.de • www.verlagruhr.de

Literatur-Kartei:
„Eine Woche voller Samstage"
Sabine Stehno
Ab Kl. 2, 74 S., A4, Papph.
ISBN 3-86072-447-9
Best.-Nr. 2447
18,60 € (D)/19,15 € (A)/32,60 CHF

Literatur-Kartei:
„Das Vamperl"
Regina Spirgatis-Budnick
Ab Kl. 3, 71 S., A4, Papph.
ISBN 3-86072-182-8
Best.-Nr. 2182
18,60 € (D)/19,15 € (A)/32,60 CHF

Literatur-Werkstatt:
„Zum Glück hat Lena die Zahnspange vergessen"
Andrea Thumeyer u.a..
Ab Kl. 2., 63 S., A4, Papph.
ISBN 3-86072-763-X
Best.-Nr. 2763
17,80 € (D)/18,30 € (A)/31,20 CHF

Literatur-Kartei:
„Oma"
Bea Herrmann, Anneli Kinzel
Ab Kl. 4, 71 S., A4, Papph.
ISBN 3-86072-319-7
Best.-Nr. 2319
18,60 € (D)/19,15 € (A)/32,60 CHF

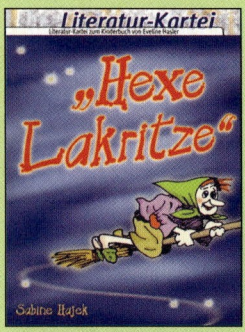

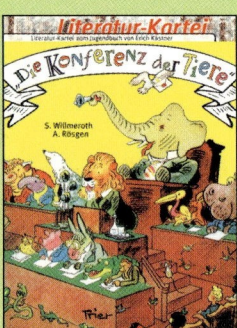

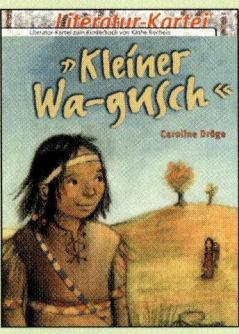

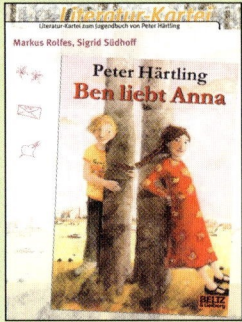

Literatur-Kartei:
„Hexe Lakritze"
Sabine Hajek
Kl. 2–3, 65 S., A4, Papph.
ISBN 3-86072-767-2
Best.-Nr. 2767
18,50 € (D)/19,– € (A)/32,40 CHF

Literatur-Kartei:
„Die Konferenz der Tiere"
Sabine Willmeroth, Anja Rösgen
Ab Kl. 4, 72 S., A4, Papph.
ISBN 3-86072-401-0
Best.-Nr. 2401
18,60 € (D)/19,15 € (A)/32,60 CHF

Literatur-Kartei:
„Kleiner Wa-gusch"
Caroline Dröge
Ab Kl. 3, 70 S., A4, Papph.
ISBN 3-86072-470-3
Best.-Nr. 2470
18,60 € (D)/19,15 € (A)/32,60 CHF

Literatur-Kartei:
„Ben liebt Anna"
Markus Rolfes, Sigrid Südhoff
Ab Kl. 4, 75 S., A4, Papph.
ISBN 3-86072-161-5
Best.-Nr. 2161
18,60 € (D)/19,15 € (A)/32,60 CHF

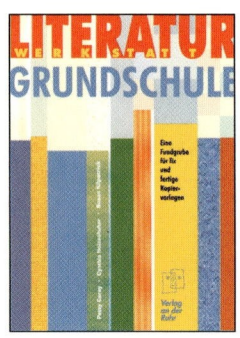

Literaturwerkstatt Grundschule
Eine Fundgrube fix und fertiger Kopiervorlagen
Patsy Carey, Cynthia Holzschuher, Susan Kilpatrick
Ab Kl. 3, 105 S., A4, Papph.
ISBN 3-86072-234-4
Best.-Nr. 2234
18,60 € (D)/19,15 € (A)/32,60 CHF

Es war einmal ...
Die Werkstatt zu Märchen
Christine Mell
Ab Kl. 3, 58 S., A4, Papph.
ISBN 3-86072-471-1
Best.-Nr. 2471
16,– € (D)/16,45 € (A)/28,– CHF

Bestellcoupon

Best.-Nr.	Titel	Menge	Einzel

Arbeitsbereich:
☐ KIGA ☐ GS ☐ HS ☐ Regel-/Mittel-/Sek.-Sch. ☐ Fördersch.
☐ Jugendarbeit ☐ Gesamt-/RS ☐ Gymn. ☐ Sonstige _____

Hiermit bestelle ich die oben aufgeführten Titel.

_____
Name, Vorname

_____
Str./Nr.

Datum   **Unterschrift**

Verlag an der Ruhr • Postfach 10 22 51 • D–45422 Mülheim an der Ruhr
Tel.: 0208/495040 • Fax: 0208/4950495 • E-Mail: info@verlagruhr.de • www.verlagruhr.d